EL MICALET GALÀCTIC
bromera

EL MICALET GALÀCTIC

COL·LECCIÓ DIRIGIDA PER JOSEP A. FLUIXÀ

ÚLTIMS TÍTOLS PUBLICATS

70. *El món subterrani.* Angela Sommer-Bodenburg / Magdalene Hanke-Basfeld
71. *La colla dels cocodrils.* Max von der Grün / Joan Arocas
72. *Com una cabra.* Maria Dolors Pellicer / Josep Ferrer
73. *Bum-bum! El fantasma esvalotat.* Mercé Viana / Felip Baldó
74. *La reina Ataülfa.* Josep A. Fluixà / Antoni Laveda
75. *L'autobús d'aniràs i no tornaràs.* Joan Pla / Kino Garrido
76. *El color del blat.* Eva Dènia / Sebastià Dènia
77. *El taller de l'humor.* Jordi Moreno i Paco Moreno / Kino Garrido
78. *L'Odissea.* Homer. Adaptació de Jesús Cortés / Enric Solbes
79. *Mira quina estrella.* Maria Jesús Bolta / Josep Vicó
80. *De cine, Tereseta!* Josep Gregori / Ferran Boscà
81. *La fada masovera.* Vicent Marçà / Ramon Pla
82. *El País dels Llençols Mullats.* Vicent Pardo / Carlos Ortin
83. *Silvèrius Flautus.* Enric Lluch / Juanjo Cortés
84. *Llegendes del Sol i de la Lluna.* Carles Cano / Paco Giménez
85. *Les vacances de Saïda.* Eva Peydró / Horacio Elena
86. *L'autobús Jordiet i la bruixa Elisenda.* Joan Pla / Kino Garido
87. *Les malifetes de Maria Encarna.* Maria Torres Palau / Toni Cabo
88. *Moby Dick.* Herman Melville. Adaptació de Jesús Cortés / Bauxi
89. *L'Illa de les Foques.* Llucià Vallès / David Enebral
90. *Els acudits de Llorenç.* Llorenç Gimenez / Inés Luz González
91. *La fada dels Somnis.* Mercé Viana / Ramon Pla
92. *Thora i l'anell de la sort.* Pep Castellano / Albert Lucas
93. *L'estiu dels pirates.* Teresa Broseta / Bauxi
94. *Les aventures de Potaconill.* Carles Cano / Paco Giménez
95. *El llapis de Rosalia.* Antón Cortizas / Sebastià Serra
96. *Els ulls al cel i l'ànima a la mar.* Josep Ballester / Enric Solbes

Hi ha unes Propostes Didàctiques, referides a aquest llibre, que els ensenyants poden descarregar-se de manera gratuïta a través d'Internet (www.bromera.com).

Disseny de la col·lecció: *Enric Solbes*
Impressió: *Romanyà - Valls*

1a edició: *novembre, 2003*
ISBN: *84-7660-807-1*
DL: *B-47968-2003*

PAPER ECOLÒGIC
TCF LLIURE DE CLOR

EL MICALET GALÀCTIC

Els ulls al cel i l'ànima a la mar

Josep Ballester

Dibuixos d'Enric Solbes

Per a Neus

CONSTEL·LACIÓ

Els ulls al cel.

El cor al vent.
Les dents al fruit.
El cap al sol.
Els dits al gel.
El pèl al riu.
La sang al bosc.
Els peus al puig.
La mà al fred.

L'ànima a la mar.

Els ulls al cel

BÀLSAM D'ESTEL

Amb rosada de nit fosca i un somni de mel.
Amb murta de tramuntana i caragol de lluna.
Amb oli d'oliva verge i aigua plujosa del cel.
Amb fraula silvestre i boira de profunda llacuna.

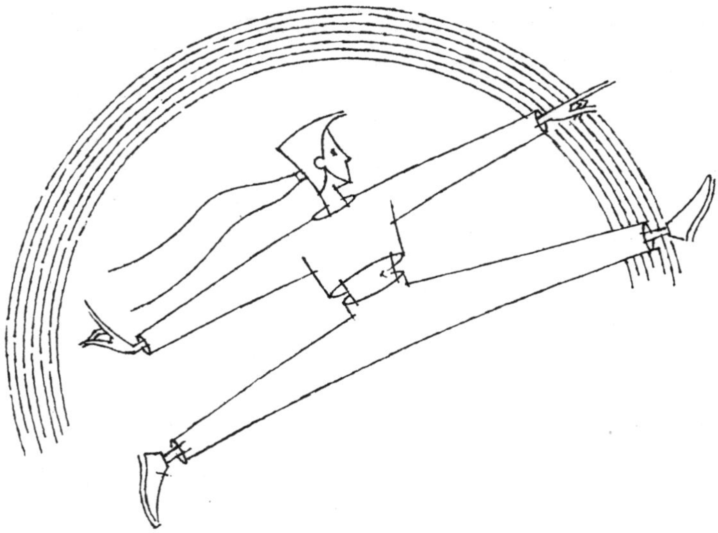

L'ARC DE SANT MARTÍ

Un tobogan de colors ha esclatat al cel.

El roig
del vent

El groc
del fred

El verd
del mar

El blanc
dels ulls

El blau
del vers

La sang
del sol

El llamp
del foc

La sal
del forn

El bes
del temps

La nit
d'hivern.

L'ECLIPSI DE LLUNA

La lluna no hi és.
S'ha apagat el llantió?
Ha desaparegut el quinqué?
Potser se l'han menjada com un entremés.

Rufí, l'ogre menjallunes s'ha engolit el pastís.
Quin delit més inaudit!

Com si suqués pa amb xocolata
s'ha empassat la lluna amb melmelada.

La lluna espessa i el cel lluent
l'ogre se'ls ha menjats furtivament.

Per a esmorzar o per a berenar
ha donat plaer al seu paladar.

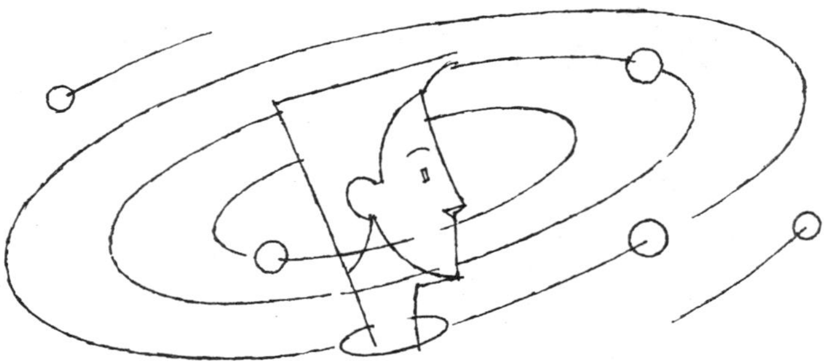

LA MÚSICA DE LES ESFERES

I

Mercuri.
Temps de verema i de sembra.
Un granet de sal.
Un granet de pebre.

Un granet de blat.
Un granet d'arròs.
Quin gran auguri!

II

Venus.
Noces cada set anys
amb un fadrí gentil.
A trenc d'alba, radiant enigma,
ets la llum del misteri.

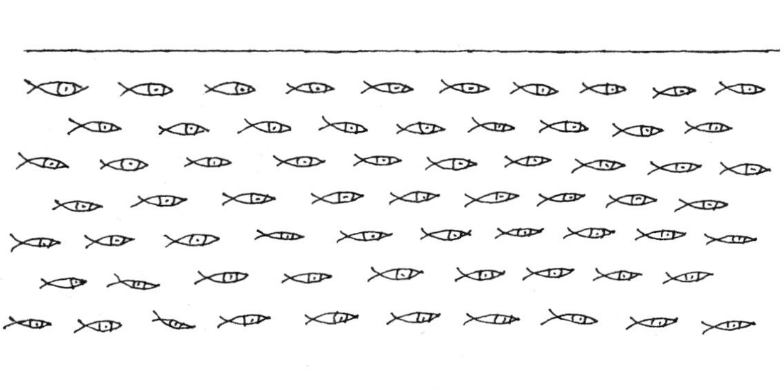

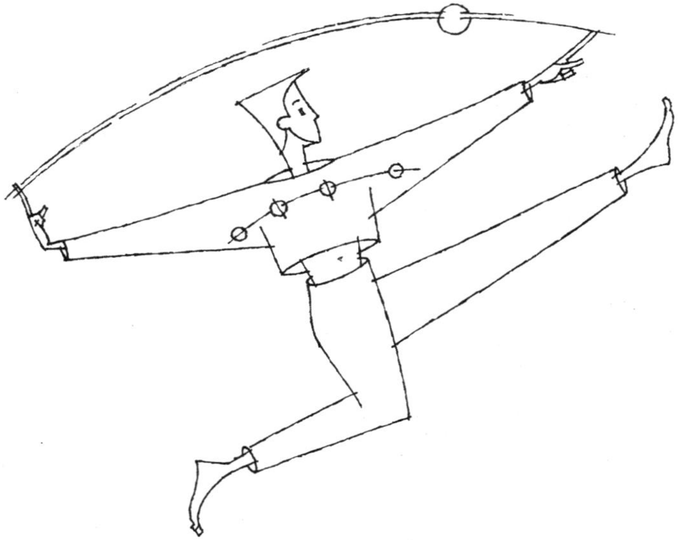

III

Mart.
Vermell.
Coral·lí. Acarabassat.
Porpra. Encarnat.
Escarlata. Granat.
Els ulls han encés l'horitzó.

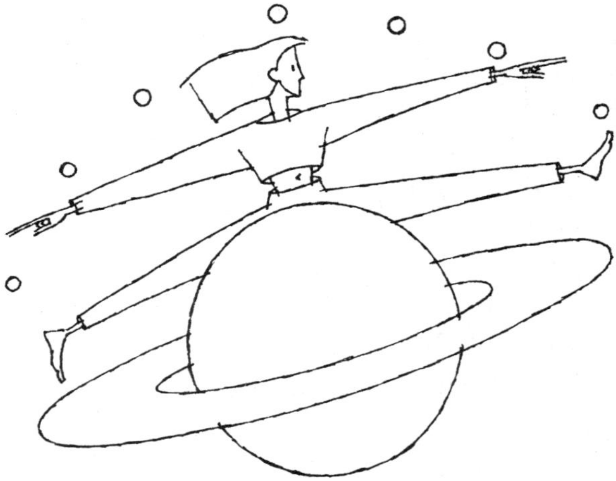

IV

Júpiter.
De foc sembla la nit.
L'espígol, el llentiscle i l'alfàbrega
han perfumat les setze llunes.

V

Saturn.
No ets rei però portes corona.
Sembles el cavaller Tirant
quan vas lluitar contra el meteorit rampant
per rescatar Carmesina, la lluna
amb aquella cara de canyella i pruna.
No ets rei, però, per la teua valentia portes corona.

VI

Urà.
Redó, redonet
per fora verdet
i no sóc un melonet.

VII

Neptú.
Plora, plora la nineta
perquè ha vist allunyar-se la goleta.
Salta, balla i canta una cançó
el rei donyet ha obert el finestró.

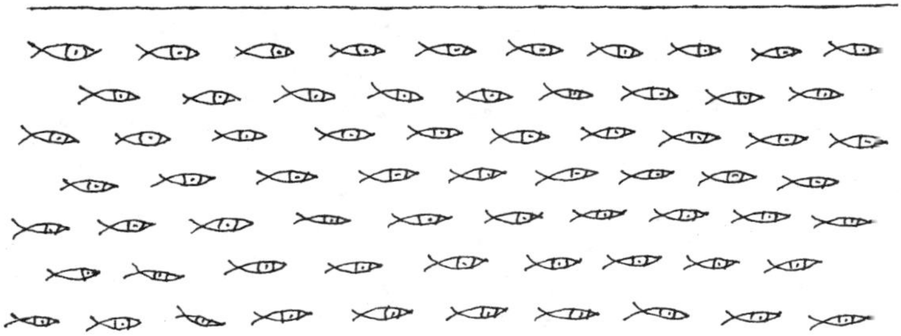

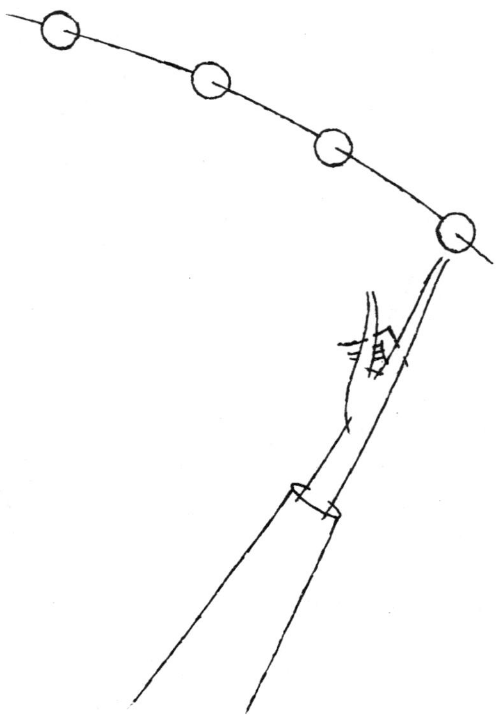

VIII

Plutó.
La immensa solitud acarona la llunyania.

VIA LÀCTIA

Quin és l'únic camí de l'univers
per on ningú mai no ha passat
ni mai ningú no veurà trencat?

Un camí anomenat Sant Jaume
ha construït a poc a poc l'animeta.

És el viatge celeste de planeta a planeta.

Cada estrella forma la via famosa.
Quin ha estat l'extraordinari misteri?

És l'obra d'un fabulós encanteri.

MESTRAL

Mestral és el vent de l'esperança.
Esperances que la gent, com tu i com jo,
busca àvidament al seu cor.
Revolen d'un cor a un altre.
I, quan s'escapen, el savi fetiller de la nit
les converteix en autèntics fanalets de la vida.

N
S

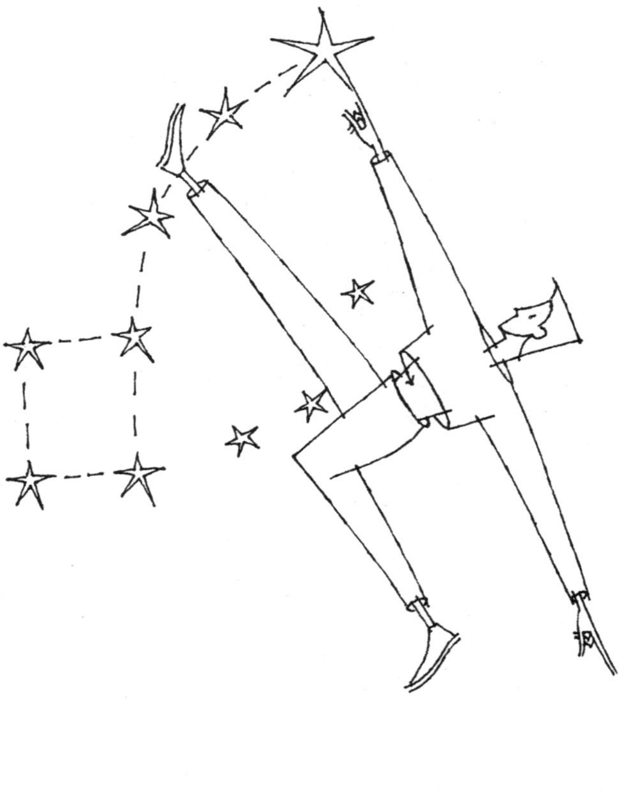

L'ÓSSA MENOR

Carracric-carracroc.
Un carro carregat de rocs
corria per la carretera del cel
i les rodes rodaven, rodaven
i el carreter remugava molt.

Carracric-carracroc.
Un carro carregat de rocs
arran d'arremetre amb arrogància
contra una barraca d'arròs,
el carreter renegava molt.

Carracric-carracroc.
Un carro carregat de rocs
redolava per un carreró
amb una arrova de rosada,
el carreter rondinava molt.

L'ànima a la mar

MAREGASSA

Fa vent.
I el port?
És lent.
Vols sort?
Som cent.
I el llamp?
Tinc fam.
Fas foc?
Tinc fred.
Vols fum?
Un rem.
Quin mar?
El temps.

BRASES D'AIGUA

D'ulls de canyella s'ha brodat la mar.
L'ombra encén el capvespre i una pupil·la.
S'ha alçat el bull de profunda mirada.

LES FILLES DE L'AIGUA SALADA

I

Mediterrània
d'ametla verda.
De xiprer i carrasca.
De vi ensucrat i onada.
De pètals i melmelada.

Del beduí
és el bagatge
del llarg viatge.

II

Bàltica.
Gel sobre gel
s'ha descolorit el cel.
Aigua sobre aigua
una mar sense barana.

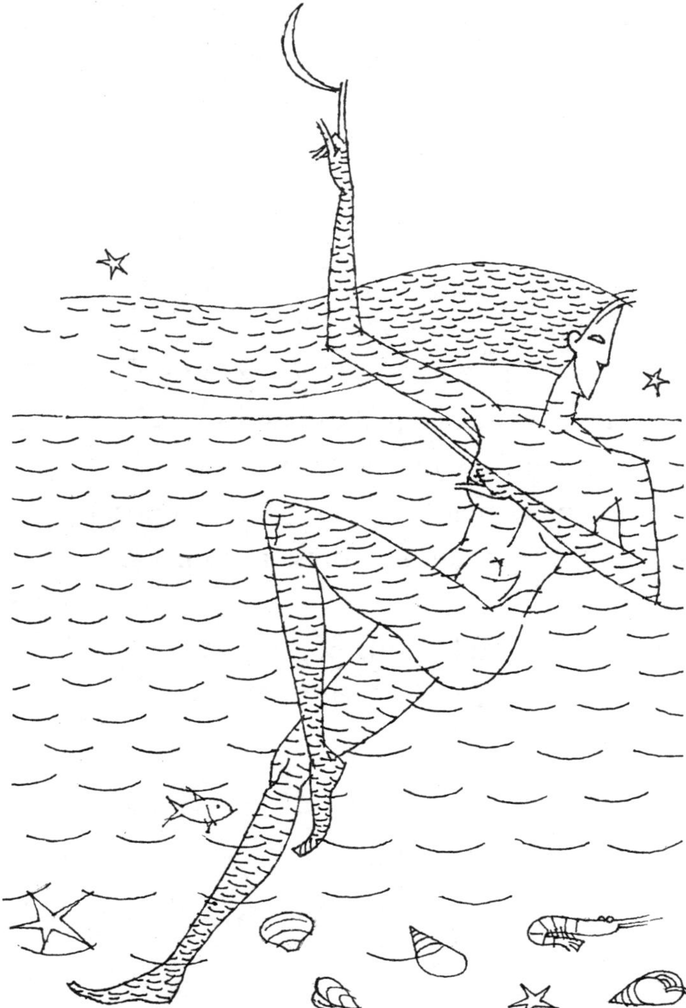

III

Negra.
Hi ha la creença molt antiga a terra
llunyana en la qual qui es disfressa
de negre es converteix en invisible.
Aquesta mar, per això, truca a la porta
de la fosca amb tendresa per amagar-se.

Ai quin tro! Quina por!
Tot és negre i amenaçador!

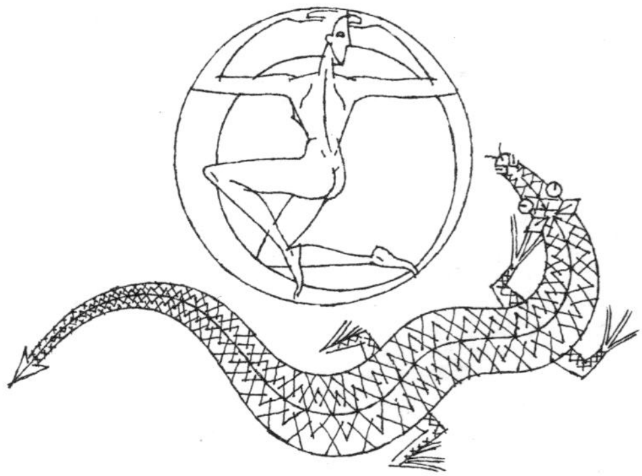

IV

De la Xina.
Les potetes del drac
en escampar-se el blau
han dibuixat
la lluna de porcellana.

V

Roja.
S'ha pintat la galta
amb un desig carmesí,
tota preparada
per al ball de l'arlequí.

VI

Càspia.
Entre la germana Europa
i la cosina Àsia,
els follets han trenat processó
amb el nom d'una bruixa
i una antiga cançó.

Roda, lluneta,
ben redoneta;
roda ben fi
fins demà al matí.

VII

Màrmara.
Quin ha estat el filtre
d'aigua salada
que ha begut el capità pirata?

L'escuma de la mar
banya la negra bandera
tot mostrant impetuosa
el tresor de Pota de Pera.

Quin ha estat el filtre
d'aigua salada
que ha begut el capità pirata?

VIII

Carib.
La sal i la palmera.
Atieu la gran foguera!

FAUNA MARINA

Gloc-gloc cata-gloc.
Eren tres amics
el pingüí Marcel·lí,
la foca Mandioca,
i el catxalot Joanot.

El pingüí Marcel·lí
era molt presumit,
sempre anava ben vestit i molt ben polit,
encara que encorbit,
un poc embadalit,
i gens repel·lit.

La foca Mandioca
era molt cloca,
sempre anava ben patxoca i molt ben canyoca,
encara que bicoca,
un poc capimoca,
i gens floca.

El catxalot Joanot
era molt ximplot,
sempre anava ben capsot i molt ben bordissot,
encara que carabassot,
un poc tararot,
i gens trompellot.

Gloc-gloc cata-gloc.
Eren tres amics
el pingüí Marcel·lí,
la foca Mandioca,
i el catxalot Joanot.

BÀLSAM DE MAR

Amb un poc de porpra cristal·lina
i alfàbrega collida de nit.
Amb brases d'aigua i polsim de serpentina.
Amb pluja de tempesta i algues en confit.
Amb escates de lluna i un plat de macarrons amb
tonyina.
Amb passió d'un bes esquisit.

CORALS D'ALBA

La sirena dibuixa la ratlla dels ulls de la mar.
El drac
de llum.

El sol
del temps.

La vall
del seny.

L'art
del cor.

El bes
del far.

La mar
de dins.

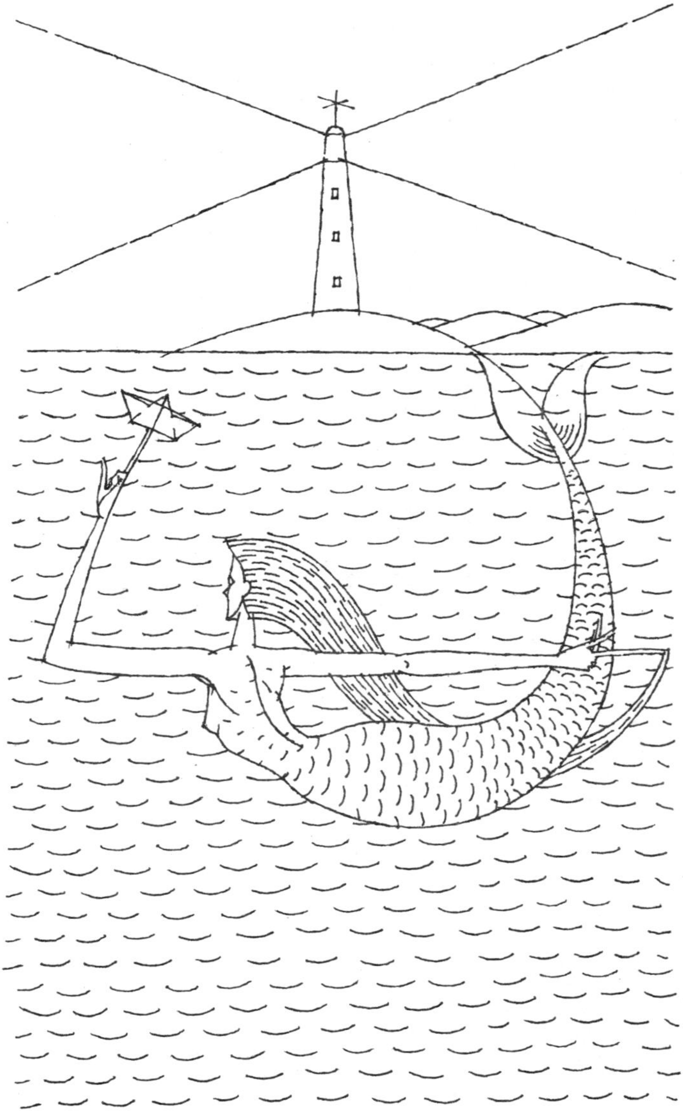

La fam
del foc.

El mot
dels ulls.

El dard
del vent.

La nit
de llum.

MARICEL

El saltimbanqui del cel
va caure a la mar,
la xarxa d'estel
li fa fallar.

El saltimbanqui del cel
ha dibuixat les estrelles d'un camí,
un viatge molt llarg,
un gran salt des d'un trampolí.

El saltimbanqui del cel
ha brodat una mirada blanca,
un foc inquiet,
la mar sense porta ni tanca.

ÍNDEX